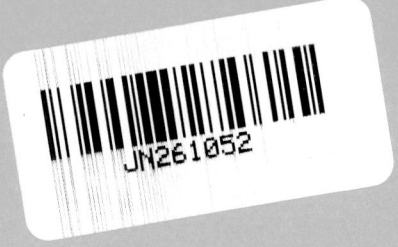

～毎日楽しむロハスなクッキング～

旬の素材とお豆腐のレシピ

豆腐は古くから日本の食卓にとてもなじみ深い食品です。

夏は冷たくして「冷やっこ」、冬はあったかい「湯豆腐」というように、シンプルにしょうゆとわずかな薬味さえあれば、美味しくいただけるのが、変わらぬ人気の秘密でしょう。

けれども豆腐の魅力はむしろ、ほかのどんな食品や調味料とも相性がよいことが挙げられます。また、調理方法も生食はもちろん、煮る・焼く・炒める・揚げるなど多様なアレンジが可能で、「料理」として大きな広がりを持っていることです。

さらに、豆腐は安価であることも家計をやりくりする私たちにはありがたいことです。近頃は、大豆や水の原材料にこだわった、「ちょっと高級！」な豆腐も多く出まわっていますが、高いといっても手の届く範囲ですから、たまには「プチリッチ」気分を味わうのもいいかもしれません。

豆腐は栄養的にも万能選手で、昨今のヘルシー志向の高まりで、外国でも「TOFU」として大人気です。

さあこの魅力的な豆腐で、今夜は何を作りましょうか？

吉田瑞子

も　く　じ

春

夏

■豆腐の水きり法

適当な大きさに切り、10分程度ザルにあげておく。簡単ですが、これだけでも水気がずいぶん違ってきます。軽く水気をきりたいときにおすすめ。

手でくずしてキッチンペーパーに包み、軽く重石をする。手早く、わりとしっかり水きりしたいとき、あとで豆腐の形を気にしなくていいときに便利な方法です。

くずさず丸ごと豆腐をキッチンペーパーで包み、重石をする。形がくずれないよう、重石はトレーやまな板の上から。しっかり水気をきるには少し時間をかけます。

秋

冬

からだにやさしい
豆腐の栄養素

タンパク質や脂質、カルシウム、マグネシウムが豊富な大豆を原料とする豆腐。とくにタンパク質は、体内で構成できない必須アミノ酸も含む20種類のアミノ酸のバランスが大変よく、動物性タンパク質の構成に近いため、「畑の肉」と例えられています。私たちの健康や美容に欠かせない栄養素に注目してみましょう。

コリン

レシチンが腸内で分解されてできる情報伝達物質で、血液にのって脳に運ばれるとアセチルコリンという物質になります。記憶力や集中力を高めたり、動脈硬化や脳の老化、ボケ防止になるといわれています。

レシチン

不飽和脂肪酸の一種で強い乳化作用があり、血管に付着したコレステロールを溶かしたり、付着を防いで血中脂肪の代謝を高めるはたらきをします。脂肪肝の予防にも役立ちます。

イソフラボノイド

女性ホルモンのエストロジェンに似たはたらきがあり、注目されている物質。骨粗鬆症や乳ガンの予防、更年期障害など、女性ホルモンの不足によって起きる症状の緩和が期待できます。

オリゴ糖

善玉菌として有名なビフィズス菌などの乳酸菌のエサとなる糖質。ビフィズス菌を増して腸内環境を整えるほか、オリゴ糖自体も腸内の余分なコレステロールや胆汁酸を吸い取り、体外への排出を促します。

サポニン

レシチンと同様に血管に付着した脂肪を溶かす作用があります。また、活性酸素を抑えて抗酸化物質をサポートするため、体内の抗酸化に優れた効果があります。発ガン抑制効果も報告され、注目されています。

トリプシンインフィピター
（トリプシン阻害因子）

タンパク質分解酵素トリプシンのはたらきを阻害しタンパク質の吸収をさまたげる面もありますが、インシュリンの分泌を促すという点で糖尿病の治療や予防効果が期待される物質です。

脂質

豆腐に含まれる脂質は8割以上が不飽和脂肪酸。リノール酸やリノレン酸などの割合が高くコレステロールが少ないため、良質の脂質といえます。適量の不飽和脂肪酸は、悪玉コレステロールを減らし、血中脂肪を低下させ、血液の流れをよくします。

春のレシピ

植物が一斉に芽をふき、新しい生命のエネルギーが感じられる春。野菜はみずみずしく、さわやかな香りに満ちています。この季節ならではのデリケートな香りや味わいを邪魔することなく、よきパートナーとなれるのが豆腐といえるでしょう。ふきやたけのこなど特有の香りのある野菜や、かぶのように繊細な食感のものでも、うまく引き立て役を務め、持ち味を引き出してくれます。

じつは、こうした野菜と豆腐は、栄養面でも相性抜群。ビタミンやミネラルには、一緒に摂ることで吸収やはたらきがよくなる食べ合わせがたくさんあります。たとえば、豆腐の鉄分や亜鉛の吸収を助けてくれるのはビタミンCで、野菜やくだもの全般に含まれ、かぶやきゃべつからおいしく摂ることができます。

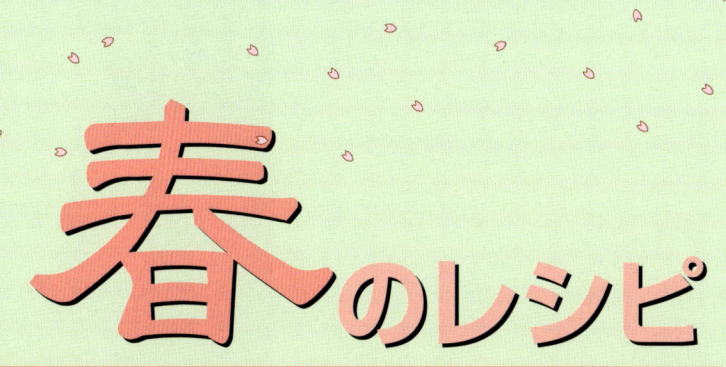

焼き豆腐とたけのこの含め煮

材料（4人分）

焼き豆腐		2丁
ゆでたけのこ		1本（約300ｇ）
ふき		2本分
A	だし汁	2カップ
	しょうゆ	大さじ2
	みりん	大さじ4
	砂糖	大さじ1/2
	塩	小さじ1
木の芽		適量

作り方

①. 焼き豆腐は1丁を6等分にする。

②. たけのこは生のものはゆでるなど下処理をし、上部約3/4はくし型に、根本は1cm厚さの半月切りにする。

③. ふきは板ずりしてさっとゆで、皮をむく。

④. 鍋にＡを合わせ、①の豆腐と②のたけのこを加え、落しぶたをして煮含める。

⑤. 仕上げに③のふきを加えてひと煮し、器に盛り付け、木の芽を飾る。

旬！な食材

ふき

食物繊維やカルシウム、カリウムが多めなほか、香りの成分にはセキやたんを抑え、喉をすっきりさせる効果があります。

新しい季節の到来を告げる
たけのこやふきを使って旬らしく。
さわやかな春の香りが
豆腐にほんのり移ります。

たっぷり野菜

豆腐とキャベつのメンチかつ

材料（4人分）

もめん豆腐		1丁
きゃべつ		2枚
塩（塩もみ用）		少量
合びき肉		200ｇ
玉ねぎ		1/4個
卵		1/2個
塩		小さじ1/2
こしょう、ナツメグ		各少量
A	小麦粉	大さじ3～4
A	溶き卵	1個
A	パン粉	2カップ
揚げ油		適量
＊		
レタス		3～4枚
かいわれ菜		1パック
りんご		1/2個
とんかつソース		適量

作り方

①. もめん豆腐はキッチンペーパーに包み、重石をしてしっかり水気をきる。

②. きゃべつは1cm大の粗みじんにし、少量の塩でもみ、しんなりしたら水気をしぼる。玉ねぎはみじん切りにする。

③. 合びき肉に、①のもめん豆腐と②のきゃべつと玉ねぎ、卵、塩、こしょう、ナツメグを加えよく混ぜる。8等分にし、小判型にまとめる。

④. ③にAの衣を順につけ、180℃の揚げ油でカラリと揚げる。

⑤. レタスはせん切り、かいわれ菜は根を除いて半分に切り、さっと混ぜる。りんごは食べやすく切り分ける。

⑥. ④を皿に盛り付け、⑤を添え、とんかつソースをかけていただく。

2

しっかり水きりした豆腐と
粗切りきゃべつで作るヘルシーな一品。

にんにくの茎をたっぷり入れて、
香りとともにシャキシャキの食感を楽しみます。

豆腐とにんにくの茎のぎょうざ

材料（4人分）

もめん豆腐		1/2丁
にんにくの茎		5本
豚ひき肉		100 g
A	塩、こしょう	各少量
A	しょうゆ	小さじ2
A	ごま油	大さじ1
餃子の皮		24枚
サラダ油		大さじ1
水		2/3カップ
ごま油		少量
＊		
しょうゆ、酢、豆板醤		各適量

作り方

①. もめん豆腐はキッチンペーパーに包み重石をしてしっかり水気をきる。

②. にんにくの茎は小口切りにする。

③. 豚ひき肉に、くずした①の豆腐と②のにんにくの茎、Aを加え混ぜ、餃子の皮で包む。

④. フライパンにサラダ油を熱し、③の半量を並べ入れ、水1/3カップを加えふたをして蒸し焼きにする。

⑤. 水気がなくなったらほどよい焦げ目をつけ、仕上げにごま油をまわし入れる。残りも同様に焼く。

⑥. しょうゆ、酢、豆板醤を好みで合わせ、つけていただく。

旬!
な食材

にんにくの茎

根と同じ香り成分の硫化アリルを含み、血栓を溶かして動脈硬化や脳梗塞を予防します。根には少ないビタミンCやカロテンも豊富。

みそ風味のコクのあるソースが
表面をこんがり焼いた香ばしいサワラと
厚揚げのしっかりした食感にぴったり。

魚介類でうまみUP！

サワラと厚揚げのみそマヨグラタン

材料（4人分）

	厚揚げ	1枚
	サワラ	2切れ
	玉ねぎ	1/4個
	アスパラガス	5〜6本
	塩、こしょう	各少量
	小麦粉	少量
	サラダ油	大さじ1
A	みそ	大さじ1と1/2
A	マヨネーズ	1/2カップ
A	生クリーム	大さじ2

作り方

①. 厚揚げは縦半分に切り、1cm厚さに切る。

②. サワラはそぎ切りにし、軽く塩、こしょうし、小麦粉をまぶす。

③. 玉ねぎはくし型に切る。

④. アスパラガスは色よくゆでて、斜め切りにする。

⑤. フライパンにサラダ油を熱し、②のサワラを並べ入れてこんがり焼き、脇で③の玉ねぎも炒める。

⑥. Aを合わせる。

⑦. サラダ油（分量外）を薄くぬった耐熱皿に、①、④、⑤を彩りよく並べ、⑥をかけて、オーブントースターで4〜5分こんがり焼く。

7

旬！な食材

サワラ

春告げ魚として知られ、体内の塩分排泄を促すカリウムを多く含みます。淡泊な味わいで、とくにみそとは味でも栄養でもよきパートナー。

魚介類でうまみUP！

カツオのづけ豆腐

材料（4人分）

カツオの刺身		1/2節
もめん豆腐		1丁
A	しょうゆ	大さじ2
	酒	大さじ1
	みりん	大さじ2
	しょうが汁	小さじ2
みつば		少量

作り方

①. カツオの刺身は5mm厚さのそぎ切りにする。

②. もめん豆腐は8mm厚さに切る。

③. ①のカツオと②のもめん豆腐をそれぞれバットに入れ、Aを合わせた調味液を半量ずつ加える。途中で裏返しながら、冷蔵庫で15～20分漬け込む。

④. ③の豆腐は半分に切り、カツオとともに適当に重ねて皿に盛り付け、刻んだみつばを添える。

旬！な食材

カツオ

ビタミンはB_1やB_2、Dが豊富。また、カツオやカツオ節には豆腐に少ないアミノ酸のメチオニンが多く、栄養的にも相性抜群です。

別々に漬けるから臭みが移らず、
さっぱりとした持ち味が楽しめます。
戻りガツオで作ってもまた違ったおいしさに。

春にはぐっとうまみが増すアサリ。
火の通しすぎは禁物なので
手早く仕上げましょう。

魚介類でうまみUP！

アサリと豆腐の卵とじ

材料（4人分）

きぬごし豆腐		1/2丁
むきアサリ		100 g
玉ねぎ		1/4個
椎茸		3枚
A	だし汁	2カップ
	しょうゆ	大さじ2
	みりん	大さじ2
	砂糖	小さじ1
卵		2個
根みつば		適量

作り方

①. きぬごし豆腐は2cm角に切り、むきアサリは塩水でさっと洗う。

②. 玉ねぎは薄切り、椎茸は石づきを取り薄切りにする。

③. 根みつばは3cm長さに切る。

④. 浅鍋かフライパンにAを合わせ、②を加えて煮、さらに①を加えてひと煮し、根みつばの茎をちらし、溶きほぐした卵を加える。ふたをして火を止め、余熱で半熟に固める。

⑤. 器に盛り、根みつばの葉をのせる。

卵は中央から加えると火の通りが均一に

旬! な食材

アサリ

亜鉛やタウリン、鉄分などのミネラルとビタミンB_{12}が豊富で、シジミと同様に肝臓のはたらきを助けます。貧血予防にもおすすめ。

洋風の具を存在感のある厚揚げが受け止めます。

バリエーションで楽しむ豆腐〈サラダ編〉

厚揚げとパプリカのマリネ

材料（4人分）

厚揚げ		1枚
ベーコン		8枚
にんにく		1かけ
オリーブ油		大さじ1
パプリカ（赤、黄）		各1個
A	ビネガー	大さじ2
A	塩、こしょう	各少量
A	粒マスタード	小さじ2
A	オリーブ油	大さじ4
グリーンピース		大さじ2
イタリアンパセリ		少量

作り方

①. 厚揚げは1cm厚さに切る。

②. ベーコンは半分に切り、にんにくは薄切りにする。

③. バットでAを合わせる。

④. パプリカ（赤、黄）は直火で表面をこがして焼き、水にとって皮をむく。縦切りにして③に漬ける。

⑤. フライパンにオリーブ油を熱し、①、②を焼きつけ、④に加え、冷蔵庫で冷やす。

⑥. グリーンピースは色よくゆでる。

⑦. ⑤を皿に盛り付け、⑥をちらし、イタリアンパセリを飾る。

豆腐の中華風サラダ

材料（4人分）

もめん豆腐		1丁
鶏むね肉		1枚
塩、酒		各少量
しょうが、ねぎの青い部分		各適量
ピータン		1個
きゅうり		2本
ザー菜		40 g
ねぎ		10 c m
しょうが		1/2かけ
にんにく		1/2かけ
A	しょうゆ	大さじ1
	酢	大さじ1
	砂糖	小さじ2
	塩、こしょう	各少量
	ごま油	大さじ1
白ごま		少量

作り方

①. もめん豆腐は縦半分に切り、1cm厚さに切る。

②. 鶏むね肉は、塩、酒、薄切りしょうが、ねぎの青い部分を入れた湯でゆで、そのまま冷ます。

③. ②の鶏むね肉は、水気をふいて細く裂く。皮はせん切りにする。ピータンは殻をむき、くし型に切って、さらに半分に切る。きゅうりはせん切りにする。

④. ザー菜は刻み、ねぎ、しょうが、にんにくはみじん切りにし、Aを加え混ぜる。

⑤. ①、③を盛り合わせ、④をかけ、白ごまをふる。

ボリューム感いっぱい、中華風の一品です。

豆腐とマグロのコロコロサラダ

材料（4人分）

もめん豆腐		1丁
マグロ		1サク（約150ｇ）
A	しょうゆ	大さじ1と1/2
	みりん	大さじ1と1/2
	わさび	小さじ1～2
アボカド		1個
トマト		1個
ルッコラ		1パック

作り方

①. もめん豆腐は1.5cm角に切る。

②. マグロは1.5cm角に切り、Aに漬ける。

③. アボカドは種を取り除いて皮をむき、トマトは種を除き、それぞれ1.5cm角に切る。

④. ルッコラは食べやすくちぎる。

⑤. 皿に④のルッコラをしき、①～③をさっと和えてのせる。

彩りよく仕上げて
目にもごちそう

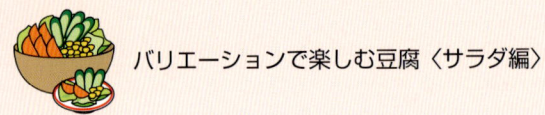

野菜はもちろん、パンにもよく合うおいしさ！

バリエーションで楽しむ豆腐〈サラダ編〉

豆腐のごまマヨディップ

材料（4人分）

きぬごし豆腐		1/2丁
A	練りごま	大さじ2
A	マヨネーズ	大さじ2
A	はちみつ	大さじ1/2
A	塩、粗びきこしょう	各少量
セロリ		2本
にんじん		1/2本
アスパラガス		4本
フランスパン		適量

作り方

①. きぬごし豆腐はキッチンペーパーに包み重石をしてしっかり水気をきる。

②. ①を万能ザルで裏ごしし、Aを加え混ぜてディップを作り、容器に盛り付ける。

③. セロリ、にんじんは棒状に切る。アスパラガスは色よくゆでる。

④. フランスパンは棒状に切り、オーブントースターでこんがり焼く。

⑤. ③、④を盛り付け、②をつけていただく。

相性のよいがんもとかぶにわかめを加えて
あっさり繊細な味わいに仕上げます。

がんもどきとかぶの煮物

材料 (4人分)

京がんも		6個
かぶ		4個
塩蔵わかめ		10 g
絹さや		10枚
A	だし汁	2カップ
	しょうゆ	大さじ1
	みりん	大さじ3
	塩	小さじ1/3

作り方

①. 京がんもに熱湯をかけ、油ぬきする。

②. かぶは茎を2cm残し、半分に切って皮をむく。

③. 塩蔵わかめは水でもどしザク切りにする。絹さやは筋を取り除き色よくゆでる。

④. 鍋にAを入れて沸騰させ、①、②を加え、落しぶたをして煮含める。

⑤. 仕上げに③のわかめと絹さやを加えてひと煮する。

旬! な食材

わかめ

カロテンのほか、ビタミンAやK、B群などが多く、「海の緑黄色野菜」と呼ばれます。しかも食物繊維がたっぷりで低カロリー。

1

がんもどきや厚揚げは油ぬきすると味がしみやすい

黒蜜の濃厚な甘みに
いちごの酸味が絶妙にマッチ。
そしてほんのり豆乳が香ります。

豆乳プリン

材料（4人分）

粉ゼラチン	1と1/2袋（7.5ｇ）
水	大さじ3
豆乳	1と1/2カップ
コンデンスミルク	大さじ4
＊	
いちご	4粒
黒蜜	適量
セルフィーユ（飾り）	少量

作り方

①. 粉ゼラチンは大さじ3の水でふやかし、湯せんして溶かす。

②. 豆乳にコンデンスミルクを加え混ぜ、さらに①のゼラチンを加え混ぜる。

③. ぬらしたプリンカップに②を注ぎ、冷蔵庫で冷やし固める。

④. いちごは5mm角に切る。

⑤. プリンを型から外して皿に盛り付け、まわりに黒蜜をまわしかける。仕上げに④のいちごを添え、セルフィーユを飾る。

夏のレシピ

暑さで食欲が落ちる夏は、なんといっても、さっぱりと食べられる冷やっこがごちそうです。とはいえ傷みやすい豆腐は、保存にも少し気を使います。買ってきた豆腐は、パックされたものならそのまますぐに冷蔵庫へ。5℃で保存すれば、20℃に比べて3倍以上も長く保存できることがわかっており、安心です。開封したら、なるべくその日のうちに食べ切りましょう。

また、あまった豆腐は冷凍庫で凍らせるのもおすすめです。豆腐の水気を軽くきって手でくずし、冷凍保存袋で密閉冷凍保存。使うときは、凍ったままみそ汁の具にすれば、高野豆腐のような味わいが楽しめます。

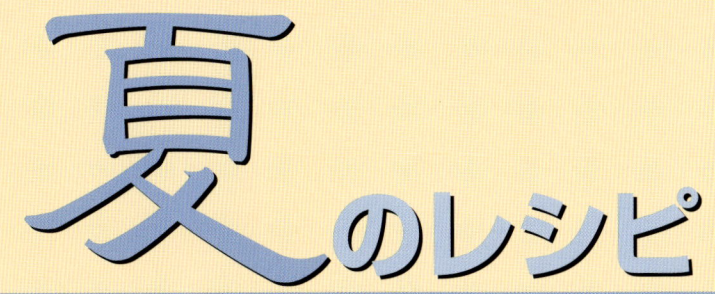

たっぷり野菜

ゴーヤチャンプル

材料（4人分）

もめん豆腐	1丁
豚バラ薄切り肉	150 g
しょうが	1かけ
輪切り赤唐辛子	1本分
ゴーヤ	1本
もやし	1袋
卵	2個
サラダ油	大さじ1
ごま油	大さじ1/2
しょうゆ	小さじ2
白ごま	少量
塩、こしょう	各適量

作り方

①. もめん豆腐はキッチンペーパーに包み重石をして水気をきる。

②. 豚バラ薄切り肉は3〜4cm幅に切り、軽く塩、こしょうする。しょうがはせん切りにし、輪切り赤唐辛子は水でもどす。

③. ゴーヤは縦半分に切り、スプーンで種を除き、半月切りにする。

④. もやしは根を取り除く。

⑤. 卵は溶きほぐして軽く塩、こしょうする。

⑥. フライパンにサラダ油を熱し、⑤の卵を入れ、手早く混ぜて半熟状態で取り出す。

⑦. ⑥のフライパンにごま油を足して②の豚肉を炒め、肉の色が変わったら③のゴーヤ、④のもやしを加えて炒め、①の豆腐を手でくずしながら加える。⑥の卵をフライパンにもどし、しょうゆと塩、こしょう各少量で味を調える。仕上げに白ごまをふる。

ビタミンCやミネラルたっぷり！
苦味も食欲を増進させる
夏バテ予防の定番メニュー。

色とりどりの夏野菜と厚揚げ、
きっと体がよろんでくれます。

厚揚げラタトイユ

材料（4人分）

厚揚げ		1枚
玉ねぎ		1/2個
ズッキーニ		1本
なす		2本
ピーマン		2個
トマト		6個
にんにく		1かけ
オリーブ油		大さじ2
A	洋風スープの素（砕く）	1個
	白ワイン	大さじ1
塩、こしょう		各適量

作り方

1. 厚揚げは縦半分に切ってから1cm厚さに切り、軽く塩、こしょうする。
2. 玉ねぎはくし型に切り、ズッキーニ、なすは1cm厚さの輪切りにし、にんにくは包丁でたたいてつぶす。
3. ピーマンは5mm厚さの輪切りにし、トマトは種を除き、ザク切りにする。
4. フライパンにオリーブ油大さじ1を熱し、①の厚揚げを焼き付けて取り出す。
5. ④のフライパンにオリーブ油大さじ1を足し、②の野菜を加えて炒める。さらに③の野菜とAを加え、ふたをして蒸し煮にする。
6. ④の厚揚げをフライパンにもどしてひと煮し、塩、こしょう各少量で味を調える。

旬!
な食材

ズッキーニ

カボチャの仲間でカロテンが豊富。生でも食べられますが、油との相性がよく炒めものに最適。クセがなく和食にもなじみます。

たっぷり野菜

豆腐とニラのチヂミ

材料（4人分）

きぬごし豆腐		1丁
ニラ		1束
じゃがいも		2個
輪切り赤唐辛子（もどす）		2本分
桜エビ		大さじ4
A	小麦粉	2カップ
	卵	2個
	水	1と1/3カップ
	塩、こしょう	各少量
ごま油		大さじ4
＊		
ポン酢しょうゆ		適量

旬！な食材

ニラ

香りのもとの硫化アリルは玉ねぎにも含まれるスタミナ成分。ビタミンB_1の吸収を高めて疲労回復を促したり、血液をサラサラにします。

作り方

1. きぬごし豆腐は手でほぐし、キッチンペーパーに包んで水気をきる。
2. ニラは3～4cmの長さに切る。
3. Ａを混ぜ合わせる。
4. じゃがいもはすりおろし、色が変らないうちに③に加えて混ぜる。さらに①の豆腐、桜エビ、②のニラ、水でもどした輪切り赤唐辛子を加える。
5. フライパンにごま油大さじ1を熱し、④の1/4量を流し込み、フライパンいっぱいに薄く広げる。
6. ほどよく焦げ色がつき生地が固まってきたら裏返し、裏面もこんがり焼く。同様に残り3枚を焼く。
7. 食べやすく切り分け、ポン酢しょうゆをつけていただく。

4

スタミナ野菜のニラをたっぷり使った
香りがよく、食欲をそそる一品です。

厚揚げとカジキの酢豚風

材料（4人分）

厚揚げ		1枚
カジキ		2切れ
塩、こしょう		各少量
玉ねぎ		1/4個
にんじん		1/2本
ピーマン		2個
しょうが		1かけ
サラダ油		大さじ1と1/2
A	トマトケチャップ	大さじ2
	酢	大さじ2
	砂糖	大さじ2
	中華スープ	（水2/3カップ＋鶏ガラスープの素少量）
	塩、こしょう	各少量
水溶き片栗粉		（水大さじ1＋片栗粉大さじ1/2）
ごま油		少量

旬！な食材

カジキ

タンパク質やミネラルが多く、とくにカリウムは魚の中でもトップクラス。体内の塩分の排出を促し、高血圧の予防や改善が期待できます。

作り方

1. 厚揚げは縦半分に切り、さらに三角形に切る。
2. カジキは1切れを4等分にそぎ切りにし、塩、こしょうする。
3. 玉ねぎは3cm大、にんじん、ピーマンは乱切りにする。しょうがは薄切りにする。
4. Aはよく混ぜ合わせておく。
5. フライパンにサラダ油を熱し、①の厚揚げと②のカジキを順に焼き付けて、取り出す。
6. ⑤のフライパンにサラダ油大さじ1/2を足し、続けて③の野菜を加えて炒め、Aを加える。
7. 沸騰したらフライパンに⑤をもどし、ひと煮して水溶き片栗粉を加え、とろみをつけ、ごま油をまわし入れる。

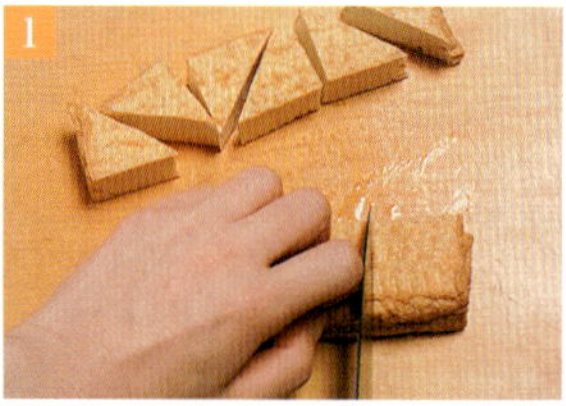

シャッキリ歯ざわりの野菜と
厚揚げで食べ応え満点！
カジキは表面を焼き
うま味をしっかり閉じ込めます。

目にも涼しい淡泊な食材に
酸味と辛味をまとわせた
暑い日にもおいしい一品です。

魚介類でうまみUP！

イカと豆腐の酢みそ和え

材料（4人分）

もめん豆腐		1丁
イカ		1杯
枝豆		100g
A	みそ	大さじ2
A	酢	大さじ2
A	砂糖	大さじ2
A	練りからし	小さじ1

作り方

1. もめん豆腐は2cm角に切り、ザルにあげて水気をきる。
2. イカはワタと皮を外し、胴に鹿の子の切りこみを入れ、胴は3cm大に、足は2cmの長さに切る。酢と塩各少量を加えた熱湯でさっとゆでる。
3. 枝豆は色よくゆでてさやから出す。
4. ①の豆腐と②のイカ、③の枝豆を合わせて盛り付け、混ぜ合わせたAをかける。

イカに切りこみを入れるときは包丁をねかせて

旬！な食材

イカ

魚介類の中でも高タンパク・低カロリー。タウリンが視力回復や貧血改善、肝臓の解毒作用を高めるほか、ビタミンAやコラーゲンが肌を元気に！

旬！な食材

枝豆

タンパク質やビタミンB群のほか、大豆にはないビタミンAやCも含有。また、アミノ酸の一種のメチオニンはアルコールや脂肪の分解も助けます。

豆腐の水きりとアジの手早い下ごしらえがおいしさの決め手。薬味の香りが食欲をそそります。

魚介類でうまみUP！

アジと豆腐のたたき

材料（4人分）

もめん豆腐		1/2丁
アジ		2尾
ねぎ		1/2本
しょうが		1かけ
青じそ		5枚
A	みそ	大さじ2
	砂糖	大さじ1と1/2
ボウフウ（飾り）		少量

作り方

1. もめん豆腐はキッチンペーパーに包み、重石をして水気をきった後、ほぐす。
2. アジは3枚におろして皮を取り除き、1cm幅に切ってから、包丁でたたく。
3. ねぎ、しょうがはみじん切り、青じそは粗みじん切りにする。
4. ①の豆腐と②のアジにAを加え混ぜ、さらに③を加え混ぜる。
5. 器に盛り付け、ボウフウを飾る。

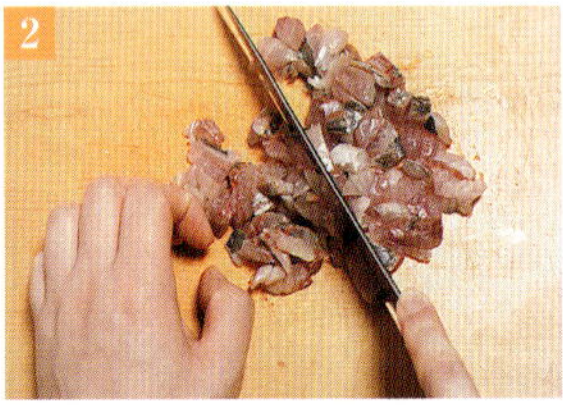
2

魚介類でうまみUP！

ウナギと豆腐の茶碗蒸し

材料（4人分）

	きぬごし豆腐	1/2丁
	ウナギ蒲焼き	1/2尾分
	そら豆	1カップ
A	卵	2個
A	だし汁	2カップ
A	塩	小さじ1/3
A	みりん	小さじ1

旬！な食材

ウナギ

タンパク質の代謝を助けるビタミンB_6がたっぷり！また、目や粘膜を正常に保つのに役立つ栄養素ビタミンAも豊富です。

作り方

①. きぬごし豆腐は1cm角に切る。
②. ウナギ蒲焼きは縦半分に切り、さらに2cm幅に切る。
③. そら豆は色よくゆで、薄皮をむく。
④. Aを合わせる。
⑤. 茶碗4個に①の豆腐、②のウナギ、③のそら豆をそれぞれ入れ、④を注ぐ。湯気の立った蒸し器に入れ、強火で3分、極弱火におとして7～8分蒸す。

夏バテ防止のスタミナ食。
心も体も元気になります。

ダブルのネバネバで
スタミナアップ！

オクラ納豆のせ

材料（4人分）

きぬごし豆腐	2丁
オクラ	10本
納豆	2パック
付属のタレ、からし	各2パック分
みそ	小さじ1

作り方

①. オクラは色よくゆで、輪切りにする。
②. 納豆は付属のタレ、からし、みそを加え混ぜ、さらに①のオクラを加え混ぜる。
③. 豆腐は半分に切って皿に盛り付け、②をのせる。

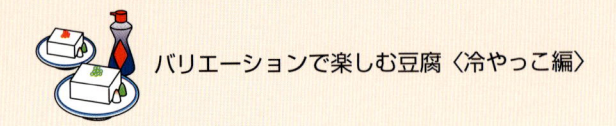

バリエーションで楽しむ豆腐〈冷やっこ編〉

独特の辛味と香りが
おつまみにもぴったり！

タコキムチのせ

材料（4人分）

きぬごし豆腐	2丁
タコ	足2本
キムチ	100 g
香菜	1株
ごま油	少量

作り方

1. タコは薄切り、キムチの大きいものは食べやすく切り分ける。香菜の葉は飾り用に取り分け、茎は1cmの長さに切る。
2. ①にごま油を加えさっと混ぜる。
3. 豆腐は半分に切って皿に盛り付け、②をのせ、香菜の葉を飾る。

バリエーションで楽しむ豆腐〈冷やっこ編〉

人気のタラマヨは
明太子でもおいしいですよ！

タラマヨきゅうりのせ

材料（4人分）

きぬごし豆腐		2丁
タラコ		1腹
A	マヨネーズ	大さじ1
	しょうゆ	少量
きゅうり		1/2本
焼きのり		適量

作り方

①. タラコは薄皮を除いてほぐし、Aを混ぜる。

②. きゅうりはせん切りにする。

③. 豆腐は半分に切って皿に盛り付け、②、①の順にのせ、ちぎった焼きのりをふる。

バリエーションで楽しむ豆腐〈冷やっこ編〉

簡単にできて鉄分たっぷり
栄養バランス抜群です。

モロヘイヤ塩辛のせ

材料（4人分）

きぬごし豆腐	2丁
モロヘイヤ	1/2パック （1パック＝約90ｇ）
しょうゆ	少量
塩辛	30ｇ

作り方

①. モロヘイヤは色よくゆで、細かく刻んでしょうゆを加え混ぜる。

②. ①に塩辛の半量を加え混ぜる。

③. 豆腐は半分に切って皿に盛り付け、②をのせ、さらに残りの塩辛をのせる。

豆腐の仲間たち

がんものピザ

材料（4人分）

がんもどき		4枚
トマトケチャップ		大さじ4
ツナ缶		大1缶
A	マヨネーズ	大さじ2
	塩、こしょう	各少量
トマト		大1個
ピーマン		1個
ピザチーズ		60 g

作り方

1. がんもどきは厚みを半分に切り、切り口にトマトケチャップをぬる。
2. ツナ缶は汁をきり、Aを加え混ぜる。
3. トマトは1cm厚さの輪切り、ピーマンは薄輪切りにする。
4. ①にトマト、②、ピザチーズ、ピーマンの順にのせ、オーブントースターで5〜6分、チーズがこんがり焦げるまで焼く。

旬!な食材

ピーマン

ビタミンCやカロテンが豊富。また、緑の色素のクロロフィルはコレステロールが血管に付着するのを防ぎ、体外への排出を促します。

カリッと香ばしくてヘルシー！
子どものおやつにもおすすめです。

涼しくさっぱり感を味わいながら
体にやさしい成分が摂れます。

豆腐かぼちゃアイスクリーム

材料（4人分）

きぬごし豆腐	1/2丁
バニラアイスクリーム	300 g
かぼちゃ	1/8個
砂糖	大さじ4
メープルシロップ	大さじ6
抹茶	少量
ミント	少量

作り方

①. かぼちゃは種を除き、5cm大に切り皮をむく。ひたひたの水と砂糖を加えてやわらかく煮、煮汁をきって、すりこぎで粗くつぶす。

②. きぬごし豆腐は万能ザルで裏ごしする。

③. バニラアイスクリームは室温で少しやわらかくし、深型バットにあけて、①のかぼちゃと②の豆腐、メープルシロップを加えて混ぜる。

④. ③を冷凍庫に入れ、再び冷やし固める。

⑤. ④を器に盛り付け、抹茶をふり、ミントを飾る。

秋のレシピ

豆腐に含まれているカルシウムは、種類や製品によって異なりますが、厚揚げや油揚げ、がんもどきやおからにはとりわけ多く、100gあたりの含有量が牛乳以上ということも珍しくないようです。

カルシウムは体内で吸収されにくく、効率よく摂るにはちょっとコツがいる栄養素です。その吸収率をグンと高める方法のひとつが、ビタミンDと一緒に食べること。ビタミンDを多く含む食品は、サケやサンマ、サバなどの魚のほか、舞茸やしめじなどのきのこ類です。魚の場合は、身以上に肝臓により多く含まれています。サンマの塩焼きに白和えを組み合わせたり、きのこ汁におからをたっぷりなんて、理想的なカルシウム食といえそうです。どの食材を見てもまさに秋の恵み！　豆腐と一緒ならいっそうおいしく食べられます。

たっぷり野菜

麻婆なす豆腐

材料（4人分）

きぬごし豆腐		1丁
豚ひき肉		150ｇ
なす		2本
ねぎ		10cm
しょうが		1かけ
サラダ油		大さじ2
A	甜麺醤	大さじ2
	酒	大さじ1
	豆板醤	小さじ1
	しょうゆ	小さじ1
	砂糖	小さじ1
	中華スープ	（水2/3カップ＋鶏ガラスープの素少量）
水溶き片栗粉		（水小さじ2+片栗粉小さじ1）
ごま油		少量
ねぎの青い部分		少量

作り方

①. きぬごし豆腐は2cm角に切り、ザルにあげて水気をきる。

②. なすは乱切りにする。

③. ねぎ、しょうがはみじん切りにする。

④. フライパンにサラダ油大さじ1を熱し、②のなすを炒めて取り出す。

⑤. フライパンにサラダ油大さじ1を足し、③のねぎとしょうがを炒めて香りが立ったら、豚ひき肉を加えパラパラになるまで炒める。

⑥. ⑤にAを加えて沸騰したら①の豆腐を加え、④のなすをもどしてひと煮し、水溶き片栗粉でとろみをつける。最後にごま油をまわしいれる。

⑦. 皿に盛り付け、せん切りにして水にさらしたねぎの青い部分を飾る。

豆腐もなすも両方入れたよくばりマーボー。
辛さの苦手な子どもには豆板醤の量を調節して。

旬!
な食材

なす

90%以上が水分で体の熱をとる食材。ルチンやエルセチンなどに血管の柔軟性を保つ作用があることがわかり注目されています。

豆腐をくずしながら炒めていくと、
野菜となじんで食べやすく仕上がります。

たっぷり野菜

豆腐きんぴら

材料（4人分）

もめん豆腐		1丁
ごぼう		1/2本
にんじん		1/3本
ごま油		大さじ1
A	しょうゆ	大さじ2
A	砂糖	大さじ1と1/2
七味唐辛子		少量

作り方

①. もめん豆腐は大きくくずし、キッチンペーパーに包み重石をして水気をきる。

②. ごぼうはささがきにして水にさらし、にんじんも棒状に切ってからごぼうと同じ大きさにささがきにする。

③. フライパンにごま油を熱して②のごぼうとにんじんを炒める。

④. ①の豆腐を加えて木べらでくずしながらさらに炒め、Aで調味し、七味唐辛子をふる。

旬!な食材

ごぼう

貯蔵しやすく通年手に入りますが、新ゴボウは秋から冬に出回ります。腸の掃除をしてくれるのは食物繊維のイヌリンやセルロース。

厚揚げと さつまいもの煮物

材料（4人分）

厚揚げ		1枚
ベーコン		8枚
さつまいも		2本（300 g）
A	だし汁	2カップ
	しょうゆ	大さじ2
	みりん	大さじ3
	砂糖	大さじ1/2

作り方

1. 厚揚げは約1.5cm厚さに8枚分切る。
2. ①の厚揚げをベーコンで巻き、ようじで留める。
3. さつまいもは乱切りにする。
4. 鍋にAを合わせ、③のさつまいもを加えて少し煮、途中で②を加える。
5. 落しぶたをしてさらに煮る。

2

旬！な食材

さつまいも

皮に多いポリフェノールのアントシアニンには、強い抗酸化作用があります。いも類のビタミンCは熱に強いことも特徴です。

ベーコンの風味もよく染み込んだ
しっかりめの味付けがごはんにも合います。

豆腐と魚でカルシウムたっぷりメニュー！
みその香ばしさがひと口ごとに広がります。

魚介類でうまみUP！

豆腐入りさつま揚げ

材料（4人分）

もめん豆腐		1/2丁
イワシ		3尾
塩		少量
わけぎ		2〜3本
しょうが		1かけ
A	みそ	大さじ1と1/2
	砂糖	大さじ1
	片栗粉	大さじ1
揚げ油		適量
＊		
すだち		適量

作り方

1. もめん豆腐はキッチンペーパーに包み、重石をして水気をきってほぐす。
2. イワシは頭とワタを取り除き手開きにして皮をむき、そぎ切りにして、塩をふり、包丁でたたく。
3. わけぎは小口切り、しょうがはみじん切りにする。
4. ①の豆腐に、②のイワシとAを加え混ぜ、さらに③を加えて混ぜる。
5. 揚げ油を180℃に熱し、④を適量ずつ、スプーン2本を使って形を整えながら落とし入れ、色よく揚げる。
6. 器に盛り付け、半分に切ったすだちを添える。

旬！な食材

イワシ

ビタミンEと一緒に摂ると血流をよくし、体内の抗酸化力を高めたり毒素を体外に排出するはたらきがあるミネラルのセレンが豊富です。

魚介類でうまみUP！

サバと焼き豆腐のみそ煮

材料（4人分）

焼き豆腐		1丁
サバ2枚おろし		1尾分
ごぼう		1本
A	水	3カップ
	みそ	大さじ4
	酒	大さじ4
	砂糖	大さじ3
	薄切りしょうが	3枚

作り方

①. サバは半身を4等分のそぎ切りにする。

②. 焼き豆腐は縦半分に切り、さらに1.5cmの厚さに切る。

③. ごぼうは6～7cmの長さに切り、太いものは縦半分に切り、酢水にさらす。

④. フライパンにAを合わせ沸騰させ、①のサバを並べ入れる。さらに、③のごぼう、②の焼き豆腐の順に加え、落しぶたをして、途中煮汁をまわしかけながら煮る。

旬！な食材

サバ

DHAやEPAなど不飽和脂肪酸が多い魚の代表格。血液をサラサラにして高脂血症や高血圧を改善したり、記憶力向上に効果があります。

サバからにじみ出る
こっくりとした旨味と脂を
豆腐とごぼうによく含ませて……

エビがプリプリ！
れんこんがシャキシャキ!!
豪華なソースがこんがり焼いた豆腐を
いっそう引き立てます。

魚介類でうまみUP！

豆腐ステーキのエビチリソース

材料（4人分）

もめん豆腐		2丁
むきエビ		200 g
れんこん		小1/2節（約70 g）
ねぎ		1/2本
しょうが		1かけ
にんにく		1かけ
塩、こしょう		各少量
小麦粉		少量
サラダ油		大さじ2
A	トマトケチャップ	大さじ2
	酒	大さじ1
	酢	大さじ1
	砂糖	大さじ1
	豆板醤	小さじ1
	中華スープ	（水1/2カップ＋鶏ガラスープの素少量）
	塩、こしょう	各少量
水溶き片栗粉		（水小さじ2＋片栗粉小さじ1）
ごま油		少量
香菜		少量

7

調味料はあらかじめよく混ぜ合わせる

作り方

①. もめん豆腐はキッチンペーパーに包み、重石をして水気をきる。

②. むきエビは背ワタを取り、2～3等分に切る。

③. れんこんはいちょう切りにし、酢水にさらす。

④. ねぎ、しょうが、にんにくはみじん切りにする。

⑤. ①の豆腐を横半分に切り、さらに半分の厚さに切り、軽く塩、こしょうし、小麦粉をまぶす。

⑥. フライパンにサラダ油大さじ1を熱して⑤の豆腐を並べ入れ、両面こんがり焼き付ける。

⑦. Aを混ぜ合わせておく。

⑧. フライパンにサラダ油大さじ1を熱し、④を炒め、香りが立ったら、③のれんこん、②のむきエビを順に加え炒め合わせる。Aを加えて沸騰したら、水溶き片栗粉でとろみをつけ、ごま油をまわし入れる。

⑨. 豆腐を皿に盛り付け、⑧をかけて香菜を添える。

おからと里いものきのこ汁

材料（4人分）

里いも	4個
椎茸	2枚
えのき茸	1パック
舞茸	1パック
なめこ	1パック
おから	1カップ（約50ｇ）
ごま油	大さじ1
だし汁	5カップ
みそ	大さじ5
わけぎ	少量

作り方

①. 里いもは皮をむき、輪切りにする。

②. きのこ類は石づきを取り、椎茸は4つ割り、えのき茸、舞茸は小房に分ける。

③. 鍋にごま油を熱し、①の里いもと②のきのこ類を加えてさっと炒め、だし汁を加えて煮る。

④. みそを溶き入れ、仕上げになめこ、おからを加えてひと煮し、小口切りにしたわけぎをちらす。

旬!な食材

きのこ

食物繊維たっぷりで低カロリー。ほとんどのキノコが持つβ－グルカンという多糖体に抗酸化作用があるといわれ、研究されています。

パサつきがちなおからは
汁気の多い料理におすすめ。
豊富な食物繊維がむだなく摂れます。

油揚げコロッケ

材料（4人分）

いなり用カット油揚げ	8枚（普通のものなら4枚分）
生ザケ	1切れ
塩、こしょう	各少量
サラダ油	小さじ1
じゃがいも	2個
玉ねぎ	1/4個
パセリ	1枝分
A　マヨネーズ	大さじ2
A　塩、こしょう	各少量
揚げ油	適量
リーフレタス、トマト	各適量

旬！な食材

じゃがいも

豊富に含まれるビタミンCは、でんぷんに包まれて熱から守られるため、調理をしても壊れにくいのが特徴。カリウムも多く含まれます。

作り方

①. いなり用カット油揚げは、裏返しにする。

②. 生ザケは塩、こしょうし、サラダ油を熱したフライパンで焼き付ける。さらに皮を取り除いてほぐす。

③. 玉ねぎ、パセリはみじん切りにする。

④. じゃがいもはゆでてつぶし、Aを混ぜ、②のサケと③の玉ねぎ、パセリを混ぜ、8等分にする。

⑤. ①の油揚げに④を詰め、口をようじで留めて180℃の揚げ油でカラリと揚げる。

⑥. ⑤のようじを抜いて皿に盛り付け、ちぎったリーフレタス、乱切りのトマトを添える。

油揚げを裏返すと
パン粉の衣に見た目がそっくり。
多彩な具を詰めてカラリと揚げましょう。

バリエーションで楽しむ豆腐〈白和え編〉

基本の白和え衣

材料（4人分）

きぬごし豆腐		1/2丁
A	白すりごま	大さじ3
A	みそ	大さじ1
A	砂糖	大さじ1
A	マヨネーズ	小さじ2

作り方

1. きぬごし豆腐はペーパータオルに包み、重石をして水気をきる。
2. ①を万能ザルで裏ごしし、Aを加えて混ぜる。

※みそは豆腐の白さを生かすために信州系の白いみそを使います。京都の白みそや西京みそがあればいっそうおいしく仕上がります。その場合はみそに甘みがあるので、砂糖をひかえます。

旬!な食材

菊花

香りと色を楽しむ食材で、中国では気や血の流れをよくし、眼の疲れや充血に効くともいわれています。乾燥させたものもあります。

旬!な食材

れんこん

でんぷんとビタミンCが多く、美肌効果のある野菜といわれています。タンパク質の一種ムチンは胃壁を守り、胃炎や胃潰瘍を予防します。

旬!な食材

サケ

ビタミンAやB群、Eが多く、血行を良くし体を温めます。また、赤い色素のアスタキサンチンは活性酸素を抑える効果で注目されています。

色鮮やかな菊花が
秋の味覚を楽しませてくれます。

菊花とにんじんの白和え

材料（4人分）

菊花	6〜8個
にんじん	2/3本
いんげん	20本

作り方

1. 菊花はがくから外してほぐし、酢を入れた湯でさっとゆでる。
2. にんじんは短冊切りにし、いんげんとともにゆで、いんげんは乱切りにする。
3. ②のにんじん、いんげん、①の菊花を合わせ、基本の白和え衣で和える。

バリエーションで楽しむ豆腐〈白和え編〉

サケは軽めの塩と
焼き過ぎないことがポイントです。

サケとしめじの白和え

材料（4人分）

生ザケ	1切れ
塩	少量
しめじ	1パック
しゅんぎく	5〜6本

作り方

1. 生ザケは塩をして、グリルか焼き網で焼き、皮を取り除いてほぐす。
2. しめじは石づきを取り小房に分け、しゅんぎくとともにさっとゆでる。しゅんぎくは水に放ってからしぼり、2cmの長さに切る。
3. ①のサケと②のしめじ、しゅんぎくを合わせ、基本の白和え衣で和える。

酸味のない果物の甘みは
白和えによく合います。

柿の白和え

材料（4人分）

柿	1個
れんこん	1節（約200g）
さしみこんにゃく	100g

作り方

1. 柿はいちょう切りにする。れんこんはいちょう切りにし、酢を入れた湯でゆでる。
2. さしみこんにゃくは短冊切りにする。
3. ①の柿、れんこん、②のさしみこんにゃくを合わせ、基本の白和え衣で和える。

砕いた栗のつぶつぶがアクセント。
ホットケーキミックスを
使うのでカンタンです。

豆腐マフィン

材料（4人分）

きぬごし豆腐	1/2丁
栗の甘露煮	6個
バター	50 g
砂糖	大さじ1
卵	1個
牛乳	大さじ1
ホットケーキミックス	100 g

作り方

①. きぬごし豆腐は万能ザルで裏ごしする。
②. 栗の甘露煮は8mm角に刻む。
③. ボウルにバターを入れてクリーム状に練り、砂糖を加えよく混ぜる。
④. 卵を溶きほぐし、③に2〜3回に分けて加え、そのつどよく混ぜる。
⑤. ④に①の豆腐を加え混ぜる。
⑥. ⑤に、ふるったホットケーキミックスを加え、さっくり混ぜる。さらに牛乳を加え混ぜ、②の栗を加える。
⑦. 市販の紙製マフィンカップに、⑥の生地を8分目まで流し入れ、180℃のオーブンで約25〜30分焼く。

冬のレシピ

熟していない青い実を食べる枝豆は夏野菜としておなじみですが、加工に適した大豆は秋に収穫されます。品種も枝豆とはやや異なり、豆腐用には、タンパク質や糖質をより多く含むものが最適です。

収穫された大豆が十分乾燥し、豆腐用の新豆として出回るのは年末頃から。この新豆を使った豆腐は口当たりにも差が出るといいます。このため、豆腐が最もおいしい季節は冬と言えるのです。ただしこれは、よほどの食通や職人さんならわかる程度のもの。また、その昔、奈良でさかんに作られていた豆腐を京に運ぶことができたのは冬だけだったため、豆腐が冬の食材とされていたこともあるといいます。

湯気の上がる豆腐料理が恋しいのは、豆腐の「旬」だからなのかもしれません。

厚揚げと白菜のチーズ焼き

材料（4人分）

厚揚げ		1と1/2枚
白菜		1/6株
合びき肉		200 g
玉ねぎ		1/4個
にんにく		1かけ
オリーブ油		大さじ2
A	トマト缶	2缶
	洋風スープの素	1個
	ローリエ	1枚
塩、こしょう		各少量
ピザチーズ		60 g
パン粉、バター		各少量

トマトとひき肉のソースを
たっぷり絡ませて。
ボリューム感満点なのに
あっさり食べられます。

作り方

①. 厚揚げは1cm厚さに切る。

②. 白菜は小さめに切り、厚いところをそぎ切りにする。

③. 玉ねぎ、にんにくはみじん切りにする。

④. フライパンにオリーブ油を熱し、③の玉ねぎ、にんにく、合びき肉を炒め、肉がパラパラになったら、Aを加えて煮る。

⑤. 別のフライパンにオリーブ油大さじ1を熱し、①の厚揚げを焼き付けて取りだす。

⑥. 続けて⑤のフライパンで②の白菜を炒め、しんなりしたら④に加えてひと煮し、塩、こしょうで味を調える。

⑦. 耐熱皿に、⑥のソースをしき、⑤の厚揚げを並べ、さらにソース、厚揚げと重ね、一番上にソースをかける。

⑧. ピザチーズをのせ、パン粉をふってバターをのせ、オーブントースターで5～6分こんがり焦げ目がつくまで焼く。

MARCHESI L.e P.
ANTINORI
CHIANTI CLASSICO
FIRENZE
DENOMINAZIONE DI ORIGINE
CONFEZIONATO ALL'ORIGINE
ALLE CANTINE ANTINORI
IN S.CASCIANO V.P. (382 FI)
e750ml

たっぷり野菜

ほうれん草たっぷりのヘルシーバーグは
だしを効かせた和風タレでいただきます。

豆腐ハンバーグ

材料（4人分）

	もめん豆腐	1丁
	ほうれん草	1/2束
	合びき肉	250 g
	玉ねぎ	1/4個
	サラダ油	小さじ1
A	卵	1/2個
	パン粉	大さじ2
	塩	小さじ2/3
	こしょう、ナツメグ	各少量
	サラダ油	大さじ1
B	だし汁	1/2カップ
	しょうゆ	大さじ1
	みりん	大さじ1
	砂糖	大さじ1/2
	水溶き片栗粉	（水小さじ2+片栗粉小さじ1）

＊

リーフレタス、プチトマト　各適量

作り方

①. もめん豆腐はキッチンペーパーに包み、重石をしてしっかり水気をきる。

②. ほうれん草は色よくゆで、粗みじんにし、しっかり水気をしぼる。

③. 玉ねぎはみじん切りにし、サラダ油で炒める。

④. 合びき肉に、A、くずした①の豆腐、②のほうれん草、③の玉ねぎを加えてよく混ぜ、4等分にし、小判型にまとめる。

⑤. フライパンにサラダ油を熱し、④を並べ入れ、両面こんがり焼く。

⑥. 小鍋にBを沸騰させ、水溶き片栗粉でとろみをつける。

⑦. ④を皿に盛り付け、⑥をかけ、ちぎったリーフレタス、半分に切ったプチトマトを添える。

たっぷり野菜

酸辣湯 (スァンラータン)

材料 (4人分)

きぬごし豆腐		1丁
ねぎ		1本
チンゲン菜		1株
にんじん		1/4本
椎茸		2枚
A	水	5カップ
	鶏ガラスープの素	小さじ2
	酒	大さじ1
塩		少量
こしょう		小さじ1/2
酢		大さじ4
水溶き片栗粉		(水大さじ1＋片栗粉大さじ1/2)
卵		2個

作り方

①. きぬごし豆腐は縦半分に切り、1cm厚さに切る。

②. ねぎは斜め切り、チンゲン菜はザク切り、にんじんは短冊切り、椎茸は石づきを取って薄切りにする。

③. 鍋にAを沸騰させ、②の野菜を加えてひと煮する。

④. 野菜が柔らかくなったら①の豆腐を加え、塩、こしょうで味を調える。仕上げに酢を加え、水溶き片栗粉でとろみをつける。

⑤. 卵を溶きほぐし、④に流し入れる。

旬!な食材

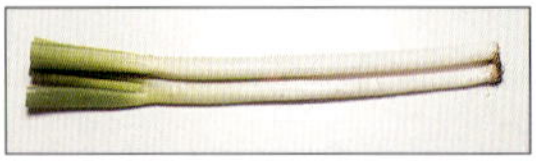

ねぎ

ネギオールという成分には体を温めたり殺菌や解熱のはたらきがあり、初期のかぜ撃退に効果的。臭いは食欲増進のほか、不眠にも効くといわれます。

お酢をたっぷり使った
辛味のある中華スープは
自然と体を温めてくれます。

春を告げに現れるせりを使って、
香りを楽しむごはんを作ってみましょう。

たっぷり野菜

そぼろ豆腐とせりの炒めごはん

材料（4人分）

焼き豆腐	1丁
しょうが	1かけ
せり	1/2束
コンビーフ	大1缶
卵	2個
塩、こしょう	各少量
サラダ油	大さじ1と1/2
A しょうゆ	大さじ1
A 塩、こしょう	各少量
ごま油	少量
ごはん	茶碗4～5杯分

作り方

1. しょうがはみじん切りにする。
2. せりは2cmの長さに切る。葉先を飾り用に適量取り分けておく。
3. コンビーフはほぐす。
4. 卵は溶きほぐし、塩、こしょうする。
5. フライパンにサラダ油大さじ1を熱し、④の卵を加えて手早く混ぜ、半熟の炒り卵にして取り出す。
6. ⑤のフライパンにサラダ油大さじ1/2を足し、①のしょうがを加え炒め、焼き豆腐を手でくずしながら加え、そぼろ状に炒める。
7. ⑥に③のコンビーフを加え炒め、さらにごはんを加え、⑤の卵をもどす。
8. Aで調味し、仕上げに②のせりを加え、ごま油をまわし入れる。
9. 皿に盛り付け、飾り用に取り分けたせりの葉先をちらす。

旬! な食材

せり

ミリスチンやカンフェンなどの香り成分が解毒や発汗を促します。利尿作用や体を温める効果があるので、たっぷり食べると風邪の予防に。

牛乳と豆腐でタンパク質たっぷり。
甘みととろみが心と体を
ホッとさせる冬のスタミナ食。

魚介類でうまみUP！

豆腐と帆立の中華クリーム煮

材料（4人分）

もめん豆腐		1丁
ベビーボイル帆立		1パック（約180ｇ）
ゆでたけのこ		1/2本
小松菜		小1束
きくらげ		5ｇ
にんにく		1かけ
サラダ油		大さじ1
A	塩	小さじ1/4
A	砂糖	小さじ1
A	中華スープ	（水2/3カップ＋鶏ガラスープの素少量）
A	こしょう	少量
牛乳		1/2カップ
水溶き片栗粉		（水大さじ1＋片栗粉大さじ1/2）
ごま油		少量

作り方

①. もめん豆腐は縦半分に切り、さらに1cm厚さに切る。

②. ゆでたけのこは薄いくし型に切り、小松菜はザク切り、きくらげは水でもどして石づきを取り、大きいものは食べやすく切る。

③. にんにくは薄切りにする。

④. フライパンにサラダ油を熱し、③のにんにくを炒めて香りが立ったら、②を順に加えて炒める。Aを加え、沸騰したら牛乳、①の豆腐、ベビーボイル帆立を加え沸騰させないように温め、水溶き片栗粉でとろみをつけ、ごま油をまわし入れる。

旬！な食材

小松菜

野菜の中では鉄分がダントツに多く、ほうれん草を上回ります。この鉄分の吸収を高めるにはタンパク質を一緒に食べるのがおすすめです。

牛乳を加えたら沸騰させないように注意する。（分離するので）

カニと豆腐のコーンスープ

材料（4人分）

きぬごし豆腐		1丁
ボイルカニ		1/2パック（1パック＝約100ｇ）
玉ねぎ		1/2個
バター		大さじ1
A	水	2カップ
	洋風スープの素	1個
	ローリエ	1枚
	クリームコーン缶	大1缶
牛乳		1カップ
塩、こしょう		各少量
パセリ		少量

作り方

①. きぬごし豆腐は1cm角に切る。

②. ボイルカニは殻から出し、軟骨を取り除いてほぐしておく。

③. 玉ねぎはみじん切りにする。

④. 鍋にバターを溶かし、③を炒め、Aを加える。沸騰したら①の豆腐、②のボイルカニを加えてひと煮し、牛乳を加えて温め、塩、こしょうで味を調える。

⑤. 器に盛り付け、みじん切りのパセリをふる。

旬！な食材

カニ

高タンパク・低カロリーで、亜鉛やタウリンが豊富。タウリンには血圧を下げたり胆石や動脈硬化を予防するほか、肝機能強化の作用があります。

ボリューム満点、具だくさんのスープは
玉ねぎの甘みも加わって
おなかが落ち着くおいしさです。

大根おろしが消化を助けてくれるので
たくさんの量もさっぱりおいしくいただけます。

旬!
な食材

タラ

タンパク質やビタミンA、B_2、ナイアシンを含み、肝油の原料になるほど栄養満点。豆腐と一緒に食べると肝機能のはたらきが高まります。

揚げ豆腐と揚げタラのおろし鍋

材料（4人分）

もめん豆腐		2丁
生タラ		3切れ
塩、こしょう		各少量
片栗粉		適量
揚げ油		適量
大根		1/2本
A	だし汁	5～6カップ
	酒	大さじ2
	しょうゆ	大さじ2
	塩	小さじ1
せり		1束

作り方

①. 豆腐は1丁を6等分にする。

②. 生タラは食べやすくそぎ切りにし、塩、こしょうする。

③. ①、②に片栗粉をつけて180℃に熱した揚げ油で揚げる。

④. 大根はおろす。

⑤. 土鍋にAを合わせ、沸騰したら③、④を加え、仕上げにザク切りのせりを加える。

3

豆乳の獅子頭《シズトウ》

材料（4人分）

	もめん豆腐	1丁
	豚ひき肉	300ｇ
	玉ねぎ	1/4個
	しょうが	1かけ
A	卵	1/2個
A	パン粉	大さじ2
A	塩	小さじ1/3
A	こしょう	少量
A	黒ごま	大さじ3
	サラダ油	大さじ1
	干し椎茸	6枚
	白菜	1/4株
	にんじん	1本
	れんこん	1節
	ヤングコーン	6本
	春雨	50ｇ
B	水+椎茸のもどし汁	3カップ
B	酒	大さじ2
B	鶏がらスープの素	大さじ1
B	薄切りにんにく	1かけ分
	豆乳	2カップ
	塩、こしょう	各少量
	香菜	適量

作り方

①. もめん豆腐はキッチンペーパーに包み、重石をしてしっかり水気をきり、くずす。

②. 干し椎茸は水でもどし、石づきを取り半分に切る。

③. 玉ねぎ、しょうがはみじん切りにする。

④. 豚ひき肉に、①の豆腐、③の玉ねぎ、しょうが、Aを加えよく混ぜ、12等分にし、平丸型にまとめる。フライパンにサラダ油を熱し、両面をこんがり焼く。

⑤. 白菜はザク切り、にんじんは縦半分に切り斜め薄切り、れんこんは輪切りにする。春雨は水でもどす。ヤングコーンはそのまま。

⑥. 土鍋にBを合わせて沸騰させ、②、④、⑤を加え、ひと煮する。仕上げに豆乳を加えて温め、塩、こしょうで味を調え、ザク切りの香菜をちらす。

旬！な食材

干し椎茸

ビタミンB群や食物繊維のほか、カルシウムの吸収を助けるビタミンDが豊富。コレステロールの付着を防ぐ物質も含んでいます。

肉団子を獅子の頭に見立てた
中国の鍋料理です。
豆乳仕立てのスープがポイント。

いつもの鍋とは違う野菜たちと
エビがよい香りを醸し出します。
つい食べ過ぎてしまいそうなごちそうです。

くずし豆腐のカレー鍋

材料（4人分）

	きぬごし豆腐	2丁
	有頭エビ	8尾
	玉ねぎ	2個
	にんにく	2かけ
	ベルギーチコリ	2本
	カリフラワー	1株
	ブロッコリー	1株
	サラダ油	大さじ1
	バター	大さじ1
	カレー粉	大さじ1と1/2
	小麦粉	大さじ1
A	水	4〜5カップ
A	洋風スープの素	1個
A	白ワイン	大さじ2
A	赤唐辛子	2本
	塩、こしょう	各少量

作り方

①. 有頭エビは背ワタを取り、玉ねぎはくし型に切る。にんにくは薄切りにする。

②. ベルギーチコリは縦半分に切る。カリフラワーとブロッコリーは小房に分け、色よくゆでる。

③. 鍋にサラダ油を熱し、①を炒め、エビは色が変わったら取り出す。

④. ③に、バター大さじ1を足し、カレー粉、小麦粉をふりいれ、Aを注ぐ。

⑤. 沸騰したらアクを取り除き、②のチコリとカリフラワー、ブロッコリーを加える。さらに手で粗めにくずしたきぬごし豆腐を加えてひと煮する。

⑥. ③のエビを鍋にもどし、塩、こしょうで味を調える。

旬！な食材

チコリ

ベルギー生まれのキク科の野菜で、日本名は菊苦菜。健胃効果があり、ほろ苦さと香りを持つためコーヒーの代用にもなります。

大根と油揚げの袋煮

材料（4人分）

いなり用カット油揚げ		8枚 （普通のものなら4枚分）
卵		8個
大根		1/2本
昆布		20cm
A	昆布のもどし汁	4カップ
	しょうゆ	大さじ1と1/2
	みりん	大さじ3
	砂糖	大さじ1
	塩	小さじ2/3

旬！な食材

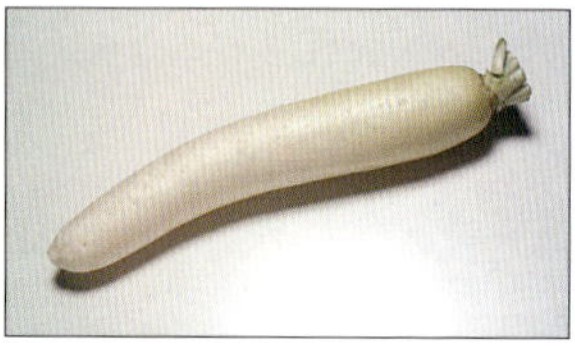

大根

でんぷんの消化を促す酵素のジアスターゼを含み、粘膜の炎症を抑えてのどの痛みを取る作用も持ちます。皮には血管を強くするビタミンPを含有。

作り方

①. 昆布は4カップの水でもどし、適当な長さに切って結んでおく。もどし汁は材料Aとして使う。

②. 大根は縦4等分にしてから乱切りにする。

③. 油揚げを開き、割った卵を流し入れ、ようじで口を留める。

④. Aを合わせた鍋を沸騰させ、③を並べ入れ、①の昆布と②の大根を加え、大根がやわらかくなるまで煮る。

甘みが増した冬の大根は煮物にうってつけ。
昆布は豆腐と一緒に食べると
肝臓の機能を高めてくれます。

最初のひと煮で牡蠣を取り出して、香りが移ったつゆで豆腐を煮ます。

牡蠣豆腐

材料（4人分）

焼き豆腐		2丁
牡蠣		2パック（1パック＝約120ｇ）
しょうが		1かけ
A	みそ	大さじ3
	砂糖	大さじ2
	酒	大さじ4
	しょうゆ	小さじ1
水		1カップ
わけぎ		2～3本

作り方

①. 焼き豆腐は縦半分に切り、さらに1.5cm厚さに切る。

②. 牡蠣は塩水でふり洗いする。

③. しょうがはせん切りにする。

④. 鍋にAを合わせ火にかけ、②の牡蠣、③のしょうがを加えひと煮し、取り出す。

⑤. ④の鍋に水を足し、①の焼き豆腐を加えて煮る。

⑥. 焼き豆腐に味がしみたら④の牡蠣をもどしてひと煮し、皿に盛り付け、小口切りのわけぎをふる。

旬！な食材

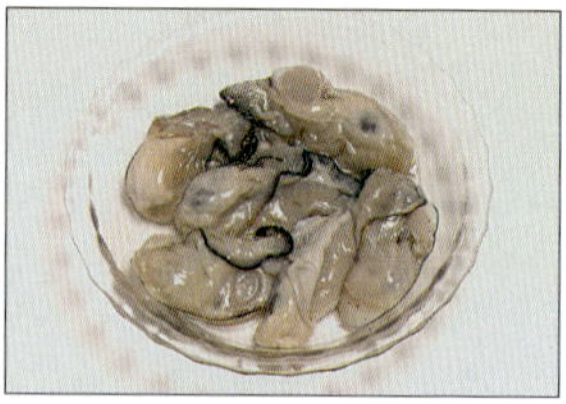

牡蠣

タウリンや亜鉛、マグネシウムが豊富な滋養食で、海のミルクとも呼ばれます。グリコーゲンも多く、豆腐と一緒に食べると肝機能を高めます。

水を加えず豆腐だけで練る白玉は
とろりとやわらかく
穏やかな甘さがよく合います。

豆腐白玉のココナッツしるこ

材料（4人分）

きぬごし豆腐	1/2丁
白玉粉	100 g
ゆであずき	1缶（約200 g）
ココナッツミルク	1缶（約400 g）

作り方

①. 豆腐は万能ざるで裏ごしする。

②. ①の豆腐に白玉粉を加え混ぜ、耳たぶくらいの固さに練る。もしも固い時は水少量を加えて調節する。

③. 湯を沸かし、②を2cm大に丸め中央を指で押さえて落とし入れる。浮きあがってきたら水にとる。

④. 鍋にココナッツミルクとゆであずきを入れて温める。

⑤. ③の白玉を器に盛り付け、④を注ぐ。

おいしい個性派！

豆腐の仲間たち

きぬごし豆腐

豆乳に凝固剤（にがり等）を入れ、そのまま全体を固めたものがきぬごし豆腐。絹を使って「おから」をこすわけではなく、口当たりの滑らかさを木綿と対比させてついた名といわれています。

昔はもめん豆腐よりも濃い豆乳を使って作られたため、上流階級の人たちしか食べられない贅沢品だったと伝わっています。水溶性のビタミンB群やカリウムはもめん豆腐より多く含まれます。

もめん豆腐

きぬごし豆腐にもう一工程加わるのがもめん豆腐。もめん布を張った木枠の中に豆乳を固めた凝固物を入れてくずし、上にも布をかぶせてふたをして圧力をかけます。

こうして水分を抜いて密度を高めるため、きぬごし豆腐よりも水分が低く、成分が凝縮されており、タンパク質、カルシウム、鉄分はきぬごし豆腐に比べると10～30％多く含まれます。

充填きぬごし豆腐

豆乳を一旦冷却し、凝固剤を添加し、容器に充填して加熱凝固したきぬごし豆腐です。製品は密閉されてから加熱殺菌されるので長期保存が可能です。

厚(生)揚げ

豆腐を厚く切り、水気をよく切って高温の油で揚げたもの。中が豆腐のままなので、「生揚げ」とも呼ばれます。

焼き豆腐

もめん豆腐を水切りして表面に焼き目をつけたもの。香ばしく、煮くずれしにくいため、煮物やすき焼き、田楽に向いています。

油揚げ

豆腐を薄く切り、水気をよく切って油で二度揚げしたもの。「薄揚げ」と呼ぶ地方もあります。

がんもどき

くずした豆腐ににんじんやきのこ、海藻などを加え、山芋や卵白をつなぎにして丸めて揚げたもの。関西では飛竜頭（ひりょうず）という呼び名も一般的です。また、一般的に「京がんも」というと、小ぶりのものを指す場合が多いようです。

おから

大豆から豆乳を搾ったあとに残るもので、「雪花菜」や「卯の花」「きらず」などの別名があります。食物繊維やカルシウムが豊富なほか、タンパク質や炭水化物、カリウムも含みます。食物繊維の量はなんと100g中に13gで、ごぼうの約2倍に相当。水に溶けない「セルロース」というもので、腸のぜん動運動を促し、便秘解消や大腸ガンの予防に役立ちます。

豆乳

大豆をすりつぶして加熱し、おからと分けた液体のこと。市販の豆乳は、大豆固形分８％以上が「豆乳」、６％以上８％以下のものが「調製豆乳」とされ、さらに薄めたり調味料を加えたものは「豆乳飲料」と呼ばれます。

豆腐のあれこれ

Q&A

Q1-原料の大豆はどこ生まれ？

豆腐の質や味を左右するのが、原料の『大豆』です。豆腐用の大豆は年間約50万トンが使用され、平成17年の国産大豆使用は6万トンでした。あとの44万トンは諸外国から輸入され、アメリカ産が28万トン、カナダ産が14万トン、中国産が2万トンでした。いずれも区分管理されて栽培、輸送された非遺伝子組み換え大豆です。

Q2-凝固剤には どんなものがあるのでしょうか？

大豆から取った豆乳を凝固させるためには、昔から酸類や海水から食塩を取った残りのニガリなどの塩類を使うのが一般的でした。現在は6種類、硫酸カルシウム、塩化マグネシウム、グルコノデルタラクトン、塩化カルシウム、硫酸マグネシウム、粗製海水塩化マグネシウム（塩化マグネシウム含有物）の凝固剤を使います。このなかで、酸凝固によるグルコノデルタラクトン、塩凝固による硫酸カルシウム、塩化マグネシウム、粗製海水塩化マグネシウムの4種類が多く使われています。グルコノデルタラクトンは、豆乳の中に入ると、徐々にグルコン酸が生成され、豆乳を固めます。ニガリとは塩化マグネシウムが主成分で、海水から食塩を取った残りのものをいいます。昔は、我が国では海水から塩田法によって食塩を作っていました。いまは、全国数カ所で作っているにすぎません。ニガリには、いろいろな微量のミネラルが含まれている粗製海水塩化マグネシウム（塩化マグネシウム含有物）と、海水から塩化マグネシウムのみを抽出して、精製し、純度を高めたものの2種類があります。また、硫酸カルシウムは、豆腐製造業者の間ですまし粉と称し広く使われています。

Q3-消泡剤って何ですか？　なぜ使うの？

大豆から豆乳を作る過程で、激しく泡が出ます。この泡が豆乳に入ると組織がきれいで食感のよい豆腐が作りにくくなります。そこで消泡剤を使いますが、パン、アイスクリーム、菓子類などに広く使われている食品乳化剤を泡消しに利用しています。この消泡剤は天然のもので、体内にも存在し、卵や大豆中に含まれているレシチンや油を食べたとき体内で大量に作られるグリセリン脂肪酸エステルなどが成分です。これらは何千年もの間、人間に摂取されてきたということでは安全性が高いといえます。

Q4-一丁は何グラム？ なぜ一丁と数えるのでしょうか？

かつて豆腐の大きさは地域によってさまざまでした。そこで豆腐を数えるのには、一丁、二丁という確定した単位ではない言い方をしたと思われます。都心では一丁は300～350gが多く、地方になると若干大きめの350～400g、沖縄は一丁1kgが一般的です。

Q5-そのまま食べるのと調理して食べる場合、栄養成分は変わるでしょうか？

豆腐は大豆から豆乳を抽出する段階で、すでに加熱されています。調理するときの加熱の温度で多少は栄養成分が壊れますが、問題になるほどではありません。むしろ、豆腐の種類によって組成が異なってきます。

豆腐にはもめん、きぬごし、充填きぬごし豆腐という種類があり、見た目や食感が違いますが、それぞれの製造工程が異なることから、栄養成分に多少の違いが出てきます。全般的に栄養価の高いのは、水分量の少ない『もめん豆腐』で、タンパク質や脂質が多少多く、ミネラル類も豊富です。ビタミン類は、豆乳をそのまま固めてしまう『きぬごし豆腐』が逃げにくいといえます。

Q6-豆腐はどんな工程を経て作られるのですか?

大豆を水に浸し、砕いて「呉(ご)」を作り、煮沸して豆乳とおからを分離する。その豆乳を、凝固、くずし、圧搾、成型、水さらしして冷却したものがもめん豆腐。豆乳をそのまま凝固、成型、水さらし、冷却したものがきぬごし豆腐です。

Q7-充填きぬごし豆腐って何ですか?

充填きぬごし豆腐は昭和40年頃に開発され、量販店の伸展にともなって普及しました。この豆腐は、従来のきぬごし豆腐の作り方と若干違っています。きぬごし豆腐は抽出した熱い豆乳に凝固剤を添加して、豆乳全体を凝固させます。充填きぬごし豆腐は、豆乳を一旦冷却し、凝固剤を添加し、容器に充填して、加熱凝固させます。したがって、製品は密閉されてから加熱殺菌されるため、長期保存が可能ですが、開封後は早めに食べましょう。市販のプリンや茶わん蒸しのように容器いっぱいにつまっている豆腐です。

Q8-大豆以外でも豆なら豆腐って作れますか?

豆腐は大豆に含まれるタンパク質を固めた食品です。豆の中では大豆が最もタンパク質含有量が多く、大豆に匹敵する豆はありません。他の豆はでんぷんが主体ですが、大豆にはでんぷんは含まれていません。大豆と同じ組成の豆が存在するならば、豆腐を作ることができます。ちなみに、ごまとうふ、ピーナッツとうふはでんぷんで固めたものです。

Q9-豆腐の年間消費量はどのくらいですか?

豆腐の消費量を見る唯一の統計に、総務省の家計調査表があります。平成16年の一世帯当たりの年間豆腐の家庭内消費は数量で74.5丁、年間支出金額では6,719円で、油揚げ類は年間支出金額で3,347円です。これに外食等の業務用消費量24%を加えた数量が全体量といえます。

Q10-豆腐の歴史ってどれくらい?

豆腐を発明した人として決まって出てくるのが、淮南王・劉安(紀元前178~122年)です。この劉安は漢王朝を立てた初代の王『劉邦』の孫にあたり、学問に秀でていて、世界的名著『淮南子』を著しました。したがって、約2千年の歴史があるといえます。しかしながら、豆腐の歴史については諸説があり、劉安否定説も多くあります。いずれにしても、後漢末期よりも新しくはないといわれています。

Q11-アメリカ人は豆腐を食べるのですか?

米国、ヨーロッパには、古くから中国人が華僑として移住し、世界各地で中国人のいる地域では必ずといっていいほど豆腐があります。最近アメリカでは、大豆加工食品が心臓病リスクを軽減するという食品表示が許可されたこともあって、急激に消費が伸びており、各スーパーには必ず豆腐や豆腐加工品が並んでいます。同様に豆乳がブームになっていて、売り場面積を確保して各種豆乳が販売されています。

**Q12-『生呉』って何?
豆乳とどう違うのですか?**

呉(ご)とは、豆腐を製造する過程で発生するもの。原料である大豆を水に浸漬して膨潤させ（浸漬時間は夏、冬、水温によって異なりますが、8～18時間浸します）、水を加えながら磨砕します。この磨砕されたドロドロしたものを『呉（ご）』といいます。加熱して豆乳とおからに分離します。加熱前のものを『生呉（なまご）』といいます。

Q13-豆腐は自宅でも作れますか？

自宅でも十分に豆腐を作ることができます。しかしながら、市販の豆腐と同じできばえのものを求めるのは難しいと思います。また、作るときの道具と材料をそろえておく必要があります。大豆は市販のものを用意し、凝固剤は最近、ニガリ（塩化マグネシウム）が市販されています。豆乳全体を均一に固めるきぬごし豆腐は作ることが大変難しいので、もめん豆腐を作ることをおすすめします。

Q14-豆腐のカロリーはどれくらい？

豆腐のカロリーは、科学技術庁で発表している『5訂日本食品標準成分表』に詳しく、成分と一緒に下記のように出ています。

種　類	カロリー数（kcal／100g）
もめん豆腐	72
きぬごし豆腐	56
充填きぬごし豆腐	59
焼き豆腐	88
生揚げ（厚揚げ）	150
油揚げ	386
がんもどき	228

Q15-腐っていないのに、なぜ腐ると書くのでしょうか？

中国では豆腐のことを、やはり『豆腐』と言います。腐るという字を日本流の意味で解釈しますと、なぜこのような字になったのか疑問がわきます。この理由として考えられるのが、豆腐の西域からの由来説です。シルクロードを通じて西域の文化が入ってきたことは事実で、西域には『酪漿』、『乳腐』などの食べものがありました。こうした食べものと似ていたため、豆腐と当てたとも考えられます。また、『腐』という字が『集める』、『ぶよぶよした』という意味があるからともいわれています。

Q16-豆腐のパッケージの中の水は栄養があるのですか？

栄養はありません。豆腐の容器の中の水は豆腐がやわらかく、壊れやすいためにクッションとして水を入れてあります。容器から豆腐を出すときに水は捨ててください。容器内の水がまれに黄色くなっている場合がありますが、これは大豆中の色素が溶出されたもので害はありません。

編　集　協　力

国内最大級の豆腐製造業者団体である日本豆腐協会は、豆腐の消費拡大のためのPR活動を行うとともに、安全でおいしい豆腐が国内どこでも手に入るよう、原料大豆の安全性をチェックし、業界内に向けて、品質や流通、環境に関する教育、研修を行っています。
本書の制作にあたっては、豆腐や大豆に関する資料及び貴重なアドバイスをいただきました。

日本豆腐協会　東京都千代田区岩本町 1−1−6　井上ビル
TEL 03･5687･6542　FAX 03･5687･4312　http://www.tofu-as.jp/

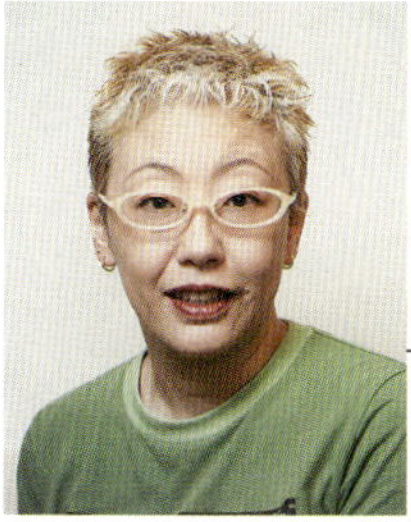

【著者紹介】

吉田瑞子（よしだみずこ）

料理研究家、フードコーディネーター。おもちゃメーカーの企画部の仕事から料理の世界に転身。食のコーディネート事務所「エイプリルフール」を主宰し、雑誌、広告、テレビCFの料理制作や、食品メーカーの開発などを手がける。著書は「冷凍保存でかんたん節約おかず」（西東社）、「5分 10分 15分　子どものお弁当」（永岡書店）「手早くできるおいしいお弁当」（西東社）「自然が一番! ハチミツ健康レシピ」（素朴社）、「料理が楽しくなるみりんレシピ」（素朴社）など。

編集協力　　日本豆腐協会
装丁・デザイン　　株式会社　メイ・アソシエイツ
撮影　　石塚英夫

旬の素材とお豆腐のレシピ
毎日楽しむロハスなクッキング

2006年2月20日　第1刷発行

著者　吉田　瑞子
発行者　三浦　信夫
発行所　株式会社　素朴社

〒150-0002　東京都渋谷区渋谷1-20-24
電話：03（3407）9688　FAX：03（3409）1286
振替　00150-2-52889

印刷・製本　モリモト印刷株式会社

ISBN 4-915513-94-7　価格はカバーに表示してあります。